흔들리는 계절

흔들리는 계절

ⓒ 김태용, 2025

초판 1쇄 발행 2025년 8월 12일

지은이	김태용
펴낸이	이기봉
편집	좋은땅 편집팀
펴낸곳	도서출판 좋은땅
주소	서울특별시 마포구 양화로12길 26 지월드빌딩 (서교동 395-7)
전화	02)374-8616~7
팩스	02)374-8614
이메일	gworldbook@naver.com
홈페이지	www.g-world.co.kr

ISBN 979-11-388-4321-8 (03810)

- 가격은 뒤표지에 있습니다.
- 이 책은 저작권법에 의하여 보호를 받는 저작물이므로 무단 전재와 복제를 금합니다.
- 파본은 구입하신 서점에서 교환해 드립니다.

흔들리는 계절

김태용 시집

좋은땅

차례

제1장
- 흔들리는 바람소리 -

초병 10
신호를 기다리며 11
봄을 기다리며 12
봄 처녀 14
잠시 외출 중 15
환각의 궤도 16
잔화 18
돌은 아무 말 않는다 20
걸음마 21
철새의 고향 22
떠난 곳, 그러나 돌아갈 수 없는 곳 24
타임머신 26
산을 오르며 28
어린 시절의 나에게 30

제2장
- 흔들리는 계절, 피어나는 마음 -

해 34
첫사랑에게 35
용지호수에서 1 36
용지호수에서 2 38
이기적인 첫사랑 40
시간축이 어긋나 있다 41
그대라는 계절에 피는 꽃 42
연기와 당신 44
지우개 가루처럼 46
창문을 본다 48
마지막 여름 50
이스터섬 52
포말이 된 시간 54
파도의 언어 56
낙타와 오아시스 58
인생이라는 영화관에서 60

제3장
- 흔들림 너머, 빛나는 당신에게 -

카벙클 64

익어 가는 시간 66

당신의 계절은 반드시 온다 67

파치 68

무게를 견디는 나무 70

시간이 빛날 때 72

그늘 속 해시계 74

초신성 75

별이 뜨는 시간 76

별에게 보내는 편지 78

바람의 지도 80

흐르는 대로 82

개천의 용 84

'삶'은 계란 86

다시 봄 87

길 88

닻 89

저무는 빛 90

길을 묻다 91

춤 92

피어나는 일에 관하여 93

발문 / 이승희 시인 95

제1장

흔들리는 바람소리

초병

잘 지내십니까?
저도 잘 지내고 있습니다

오고 가는 계절 속에
황무지의 강한 나무같이

여름에는 푸른 옷을
켜켜이 걸쳐 입고
칼바람에는 하얗게 껍질을
벗어내야 하는 초병이 있습니다

하여도
이 초소를 지키는 일이
당신을 지키는 일이라
굳게 믿으며

동 트기 전
어두운 새벽을 기다립니다

신호를 기다리며

신호등이 건너라 손짓해도
발이 떨어지지 않을 때가 있다

멈춰 선 가로수처럼
신호만 바라본 채

계절 따라 푸르렀다가
붉게 물들기도 하고
빈 가지가 되기도 한다

봄이 올 때까지
헛헛한 가지는
흔들. 흔들.

봄을 기다리며

차가운 바람에 얼어붙은 호수
흐르던 물길은 숨을 죽이고
수면 아래 세상은 시간이 멈췄다

사랑이 떠나간 마음도 이와 같아서
차갑게 얼어붙지만,

언젠가
겨울잠 자던 개구리가
기지개를 켜듯
얼었던 마음에도
따뜻한 햇살이 찾아오겠지
봄이 오면

슬퍼하지 마라
이별한 계절이 다시 돌아오고
초록 숲에 꽃이 피면

내 마음의 호수에도

눈부신 꽃이 피겠지
기다리던 봄이 오면

봄 처녀

벚꽃 피는 사월이면
어김없이 찾아오는 너

십수 년
한 번도 나에게
말 걸어온 적 없지만

수백 년
세월이 가도
나는 너를 잊은 적
없을 모양이다

어디로 가는지
어디에서 오는지
알지 못할

유난히 보고 싶은
봄 처녀

잠시 외출 중

내 궤도를 스쳐 지나간 당신은
백 년에 한 번 돌아오는
혜성의 꼬리를 따라 잠시 외출 중이지요

다음 생에서 다시 만날 수 있다면
이번 생은 기다림으로 충분합니다

부디 잊지는 않을 거예요
백 년 후에도 천 년 후에도
궤도를 스치던 순간을

환각의 궤도

당신을 처음 만난 순간부터
나의 세계는 착각으로 채워졌어요
현실과 환상의 경계가 흐려진 채
나, 맨발로 환각 속을 걸었죠

먹지도 않은 약을
끊을 방법조차 없어서
가슴 한구석
융해되지 못한 채 떠도는 당신

위성과 행성 같이,
멈춰 있는 당신의 잔상 곁을
끝없이 맴도는 나

사랑한다는 건
또 다른 이름의 몽유병일지도 몰라요

한편으로는 다행입니다
당신이 있는 세상에서
그 꿈을 이어 갈 수 있으니

설령,
당신이라는 궤도를 돌다
서서히 재가 되어 흩어진다 해도
잔불처럼 남은 그리움은
유성처럼 아름다운
여운으로 남을 거예요

잔화

헐값에 팔려 나간 낭만을 끝으로
나의 찬란했던 계절은 흑백으로 남았다

햇빛이 절반만 들어오는 방 안,
즐겨 읽던 하이데거의 책과 낡은 교복
세일코너에서 산 토마토 물크러진 것들이
겨우 나를 지탱하고 있었다

시들어 가는 꽃과
시들지 않는 조화 중에서
하나만 존재한다면
무엇이 좋을지 고민하다
"결국 화려해도 죽은 것은 죽은 거고
죽어 가는 것도 산 것은 산 거지"
라고 혼잣말로 작게 대답했다

물을 흠뻑 적셔 가며 애써 키우던
꽃잎이 비처럼 떨어진다
이렇게 장마가 내리는 때에는
뚝. 뚝. 끊어지는 생각들

햇볕이 전단처럼
문 아래로 비집고 들어온 날
말라비틀어진 말리꽃의 잔화가
부서진 햇살처럼 웃고 있었다.

돌은 아무 말 않는다

돌에게 입이 있다 해도
그것은 영겁의 비밀을 담은
단단한 문

인간이 아무리 질문해도
돌은 말이 없다

자신을 깎아낸 바람과
비가 적신 상처들

그 세월을
돌은 결코 아픔이라 하지 않는다

다듬고 단단해진 내면의 사유
강물이 실어 나른 눈물을 기억하며
세상의 모든 고요를 끌어안을 뿐

우리가 알지 못할 돌의 철학이
깊이 스미어 있기 때문이다

걸음마

엄마 아빠와 떨어지기 싫다던
어린이는 자라 독립하고

아빠랑 결혼하겠다던 딸은
어느덧 남자친구가 생기고

무엇을 해야 할지 모르겠다던 아이는
자신의 길을 찾아 나선다

시간은 흐르고
마침내 혼자서 걸어야 할 때가 온다

누구나 언젠가는
자신만의 속도로
자기의 길을 걸어가야 한다

철새의 고향

고향은 겨울마저도 늘 푸르렀다
도랑에 흐르는 물을 좇던 소년은
이제 넓은 바다에 서서 길을 묻는다

입학이라는 이름으로 이륙한 날
바람이 등을 밀어 줄 것만 같았고
하늘은 끝없이 푸를 것만 같았다

그러나 도시의 숲은
낯선 나뭇결로 가득했다
바쁘게 움직이는 얼굴들 사이로
나는 철새가 되어 떠돌았다

때로는 봄을 찾아 날아도 보고
겨울을 피해 둥지를 틀기도 했지만
날갯짓은 늘 공허했다

꿈을 따라 떠나온 곳에서
다시 돌아갈 날을 헤아리며
마음은 늘 그곳을 향했다

산 너머 불어오는 그리운 바람
몽글몽글 흩어지는 구름도
고향의 도랑물 되어 흐른다

떠난 곳, 그러나 돌아갈 수 없는 곳

가방은 두툼한데
무엇인가 빠뜨린 것 같아
아쉬움에 돌아보는 곳

낡은 지붕과
초라한 저잣거리들
나에게서 멀어질수록
가까워지는 외로움

바람이 불어도
길은 가야 한다

책가방 메고 걸었던
논길 끄트머리에 어릴 적 모습이
가만히 손 흔드는 곳

훗날 큰 꿈 이루라
밀어 주던 바람은 다시
고향으로 데려다 놓을 것이다

떠난 곳,
그러나 지금은 돌아갈 수 없는 내 고향으로

타임머신

모두가 시간을 돌리고 싶어 한다
어디서 잘못되었는지
어떤 말을 삼켰어야 했는지
어떤 길을 피했어야 했는지

하지만 나는 생각한다
시간을 돌리는 것보다
앞으로 나아가는 편이 낫지 않을까

어제를 지우기보다
내일을 새로 쓰는 것
지나간 슬픔은 묻어 두고
다가올 기쁨을 상상하는 것

꽃길도 돌길도
타임머신은 우리가 만드는 것

지금 이 순간의 선택이
내일을 바꾸고 미래를 바꾸고
일생을 채우는 것

행복은 시간을 거슬러
오는 것이 아니라
오늘을 밀어내며 오지 않을까
조금씩, 그러나 분명하게

후회의 시간을 돌리기보다
희망의 시간을 굴릴 것이다
천천히, 그러나 확실하게

타임머신의 첫 시동을 건다

산을 오르며

아침 뉴스에
어느 원정대가 에베레스트 정상에
깃발을 꽂았다는 특필이다

문득 정복이란 무엇인가 생각한다

숨찬 땀방울일까
거친 희열일까
이도저도 아니면 바람에
나부끼는 깃발일까

아무개는 동네 뒷산을 올랐다
잡초가 돋아난 좁은 흙길 위로
숨어 있던 산비둘기가 날아오르고
풀잎 흔들리는 소리를 들었다

산 정상에 다다르자
꼭대기에는 아무것도 없었다
누구의 발자국도, 자랑할 깃발도
남겨진 흔적도

낮은 산에서 높은 산을 생각했다
정복이란 어쩌면,
무언가를 차지하는 것이 아니라
그저 흔적 없는 바람 같은 거
순간 속에 머무는 긴 여행 같은 것인지도,

아무개는 아무것도 남기지 않은 채
그저 지나가는 바람에게
잘 다녀간다고 속삭이고 내려왔다

어린 시절의 나에게

찾고자 했던 별을 대신해
모던한 엘이디 조명 아래
서류를 비추며 하루를 보냅니다

호기심으로 뒤적이던 책장을 대신해
천장에 갇힌 낯선 시선을
뒤적이는 시간들

의미를 묻던 질문은
익숙지 않은 미소 뒤로 접어 두고
하루하루를 갉아내며
서서히 평범함에 익숙해져 갑니다

그러나 아주 가끔은
가로등 아래 기대어
그때의 나를 떠올리고는 합니다

그 빛이 별빛과 같을 리는 없지만
그래도 옛 기억 더듬는 불빛 아래에 서면
어린 시절의 나에게 안부를 전하고 싶습니다

To. 어린 시절의 나에게

심심한 어른이 된 것에 대해
심심한 사과를…

제2장

흔들리는 계절, 피어나는 마음

해

마음속에 너를 담은 게
잘못은 아니지

해바라기가
해를 향해 피어나는 건
본능적 이유

그저
네가 거기 떠 있기 때문이야
그게 전부야

첫사랑에게

만남에는 이별이 있기에
더 소중하다는 말이 있지
당신과 나의 사랑도
결국 이별로 완성되었네

시간이 흐를수록
선명해지는 건
잊고 싶은 순간이 아니라
놓아지지 않는 순간들

지금도 그때처럼
너를 떠올릴 때마다
마음 한편이 저릿해져

첫사랑 그 시절
그때 정말 아름다웠어
눈부시게

용지호수에서 1

조퇴를 했다

창 너머 세상이 궁금해서
나간다고 하니
선생님은 생기부에는 줄을 그었다

분필 가루가 날리는
이곳보다 생생한 빛으로 가득한
창밖 푸른 세상으로의 유혹

무거운 책가방은 두고
가벼운 마음으로
호수를 향해 걸음을 옮겼다

사부작사부작
호숫가 바람 스치는 소리에
누군가 다가올 것만 같아
물결처럼 두근거리는 나의 마음

노트를 펼치고

펜을 들었다가
아무 말도 쓰지 못하고 내려놓았다

그저 호수 위에 흐르는 시와
행간을 채우는 나무들을 바라보며
그날 공부는 끝

배운 것은 단 하나
세상은 교과서에 담을 수 없는
많은 이야기라는 것

용지호수에서 2

학교 앞 호수에는 용이 산다 했다
전설은 물결처럼 퍼져
연애 중인 학생들은 밤마다
호수로 향했다

손을 잡고 한 바퀴 돌면
결혼까지 한다는 속설
발걸음은 놀이가 아니라
사랑을 확인하는 의식이 되었다

투명한 호수에
속마음 선명히 비칠까
어두운 밤에
조용히 걷는 이들

가로등 불빛도 물결을 타며
연인들의 발걸음을 따라
여울져 간다

사실 속설은 오래된 위로다

몇 바퀴를 돌든
어느 방향으로 가든
사랑의 끝은 언제나 불확실하다

첫사랑의 설렘이나 이별의 눈물이
세월 흘러 수면 아래 살아가는
용이 된다

이기적인 첫사랑

한겨울
네가 있는 교실에
난로를 끈다

쉬는 시간에
네가 우리 반 교실에
올까 하고

추위를 핑계 삼아
우리가 같은 공간에
잠시라도 머물기를

사랑하지만
사랑을 모르는
이기적인 첫사랑의 방식

네가 되어 보지 못한
이 어설픈 짝사랑의 결말은
겨울밤 창가에 내려앉은
성에처럼 남아 있다

시간축이 어긋나 있다

빛바랜 사진 속
웃고 있는 내가
지금의 나를 알 리 없지

상장 속 이름은 같은데
과거의 나, 지금의 나
모두 그 이름 속에 갇혀

언젠가 올지 모를 날을 위해
쌓아 둔 비상용품들처럼
미래를 대비하며
현재를 앓고 있다

시간은 흐르는데
내 삶의 좌표는
어긋난 축 위에 멈춰 있다

그대라는 계절에 피는 꽃

한 계절에 편지를 썼다
아직 사랑을 정의하지 못하던 때였지만
그것이 사랑이었음을
온몸으로 알고 있던 시절이다

쉬는 시간마다 몰래 접어 둔 쪽지
공책 한쪽에 조심스레 적어 둔 이름
창가에 앉아 바람을 타고 보낸 시선들

홀로 접었다 폈다 하며
주춤주춤 스러져 가던 마음들

그의 마음에 닿기 위해
연습하던 수많은 언어들
같은 교복을 입고 같은 계절을 지나며
한 시절을 통과하며 피고 지고 하던 것들

내 문장은 서툴렀고
단어는 조심스러웠다
때로는 마음이 너무 커

한 장의 종이에 다 담을 수 없어
하릴없이 잉크만 번지는 밤이 있었다

말이 너무 떨려
끝내 전하지 못한 안타까운 문장들
때로는 종잇장 위에서 자라다가
한 번도 읽히지 못한 채 사그라지던 것들

생각하면 나의 편지글은
그대라는 계절에 피는 꽃이었다.

연기와 당신

연기와 당신은 참 닮았어요
낮에는 그 존재를 모른 척해도
밤이면 더욱 또렷해지는

연기처럼 포근히 감싸다가도
어느 순간 아프게 흐르는 눈물

그러다 바람이 불면
아무것도 모르는 척
내 곁에서 흩어지고는 하죠

지금은 그 흔적조차 희미하지만
기억 속 당신은 늘 아련한
연기처럼 남아 있어요

가까우면 뜨겁고
멀어지면 너무 차가운

잡을 수 없지만
손에 닿은- 온기만으로도

여전히 나를 울리는
매운 연기 같은 사람

지우개 가루처럼

체육복 주머니 깊숙한 곳에
꼬깃꼬깃한 사탕 껍질에 배어 있는 잔향이
나른함을 깨운다

칠판 위로 부서져 내리던
분필 가루의 눅눅한 냄새에
묻어나는 작고 작은 흔적들

책상 위로 풍기는
비릿한 우유 냄새가
멀리서 떠나온 먼지처럼
웅크리고 앉은 오후

문득 바라본 창밖
운동장 한편 물웅덩이에 비친
하늘과 구름 몇 점,
우산 끝에 살짝 튕겨진 물결이
하늘을 깨우며 흔들렸다

톡톡 우산 끝에 튕기는 햇살이

한때 빛나던 사금파리 조각 되어
반짝이는데

무의식의 발로인가
흩어진 지우개 가루처럼
손바닥 사이로 빠져나간
그 시절을 문지르고 있다

* 사금파리: 사기그릇의 깨어진 조각.

창문을 본다

칠판 위엔 분필이 흩날리고
선생님의 목소리는 물결처럼 맴도는데
무심한 나의 시선은 창가를 향한다

햇살 품은 나뭇잎 바람에 살랑이고
구름은 조용히 흘러가는데
이름 모를 새 한 마리
공중에 보이지 않는 선을 그린다

저 바람은 어디로 가는 걸까
구름은 어디서 와서
어디로 흩어지는 걸까
나는 또 어디쯤 서 있는 걸까

문득 내 모습이 창에 비친다
책상에 앉아 있지만
마음은 창 너머를 헤매고 있다

종이 울리고
바람에 책장 넘어가는 소리

불현듯 현실로 돌아온다

오늘도 조금은 멀리 다녀왔다

마지막 여름

"지잉 지잉"
굴렁쇠를 굴리던 어린 소년은
어느새 평온했던 알껍데기를 깨고
동굴 밖 낯선 세상으로 밀려났다

한여름 도시는 굉음을 내며
잠들어 있던 네 평 공간을
서서히 잠식해 오고

이글이글한 태양이
나를 집어삼킬 듯
바보 같은 내 모습을
더욱 초라하게 만들었다

시간이 지날수록
버거워지는 여름

그 속에서도 신록으로
피어나는 생명을 보며
문득 나에게 묻는다

계절의 온도를 견디며 사는 것인가
아니면 지구를 견디며 생존하는 것인가

모든 것이 의문스럽고
모든 것이 혼란스러운,

어쩌면 내 생의 마지막
질풍노도의 계절일지도 모르는
그런 여름방학이 지나가고 있었다

이스터섬

나무는 사라지고
돌만 남았다

사람들은 거대한 얼굴들을 세우느라
무엇도 남기지 못했다

바람조차 멈춰 선 섬에서
말 없는 돌들은
그저 하늘을 바라볼 뿐이다

무엇을 기억하는지
그들의 침묵은 깊다

한때 눈부셨던 섬의 계절은 지나가고
되돌릴 수 없는 발자국과
돌 위에 새겨진 시간만이 남아 있다

보이지 않는 욕망을 쫓다가
끝내 잃어버린 것들 위에
우리는 다시 서 있다

어쩌면 우리는 말 없는 돌이 남긴 침묵을
이제야 듣고 있는지도 모른다

포말이 된 시간

청춘은
푸른 바다 위
흔들리는 부표였다

어디서 오는 것인지
알 수 없는 파도가
발아래 넘실거릴 때에는
대답 없는 두려움이 엄습하기도 했다

등대도 하나 없는 망망대해에서
부서지고 흩어지며
조각이 되어 떠돌다가도
언제나 다시금 만나

때로는 닻처럼 깊이 가라앉고
때로는 돛처럼 높이 나부꼈다

밀려오면 오는 대로
멀어지면 멀어지는 대로
흔들리는 청춘들

깨어지는 순간마다
요동치던 시간들을 지나
고요하고 넓은 바다가 되었다
우리는.

파도의 언어

바다는 말이 없다
그러나 가까이 다가가자
파도가 속삭이기 시작했다

너는 왜 그렇게 흔들리니?

파도는 부서지는 몸짓으로 대답했다

흔들리지 않으면, 나는 내가 될 수 없어

-흔들리는 것을 두려워 마라
흔들린다는 것은 꿈이 있기 때문이다

파도는
언제나 자신을 버렸다
해안에 닿을 때마다 모든 것을 내려놓고
다시 시작한다

-그래서 바다에서 태어나는 태양도
날마다 하루를 내려놓고 새롭게 태어나는 거지-

그 끝없는 순환 속에서
더 깊은 바다가 되어 갔다

마음속에도 파도가 있다

그러나 그 흔들림 속에서도
나 자신을 찾고 있다

낙타와 오아시스

사막 한가운데 낙타 한 마리가
자신의 깊어진 발자국을 살피며 서 있습니다

눈앞에는 황량한 모래바람이 일고,
어디로 가야 할지 알 수 없는
막막함이 그 위를 떠돕니다

등 위에 무거운 짐이 있지만
침묵 외에 아무것도 할 수 없는 것은
쌍봉을 진 아버지가
우뚝 서서 바라보고 있기 때문입니다

희망을 표방하는 신기루들이 나타났다
바람에 흩어지고 사라지기를 반복했습니다
마른 입술에 닿을 신선한 물을 갈망하자
등의 혹 속에서 무언가 꿈틀거리기 시작했습니다

낙타는 알고 있습니다
내려놓을 수 없는 무거운 짐, 그 혹 안에는
모래바람도 꺼트릴 수 없는,

희망이 살아 숨 쉬고 있다는 것을

사막이 끝나지 않을 것 같은 순간에도
낙타의 고요한 혹 안에는
여정의 끝을 밝혀 줄
하나의 오아시스가 있습니다.

인생이라는 영화관에서

암전, 아직 시작되지 않은 이야기들이 기다리고 있다

예고편 없이
스크린에 쏟아지는 첫 장면
영화 속 나는 대본 없는
어설픈 즉흥대사를 던지며
주인공으로 살아가고 있다

처음부터 끝까지 계획된
시나리오를 알고 있다면
영화는 얼마나 지루할까

미리 정해 둔 결말도 없고
시놉시스를 써 내려간 적도 없다
그저 한 장면, 장면에 충실하다 보면
어느 순간 기억에 남는 명장면이 탄생한다

때로는 예상치 못한 컷이
편집되지 않은 날것의 순간들로 이어지고

가끔은 NG를 내기도 하며
리허설도 없이 찍는 이 영화는
2탄 방영이 불가한 걸작이 될 것이다

인생이라는 영화를 가장 흥미롭게
즐기는 방법은 그저
눈앞의 장면을 놓치지 않고
'지금'을 잘 만들어 내는 것.

제3장

흔들림 너머, 빛나는 당신에게

카벙클

바다거북 입속에 숨겨진
작고 단단한 이빨, 카벙클

신비롭게도
생(生)을 시작하기도 전에
알 속에서 스스로 생존을 위해
만든다는 무기

세상의 첫 문을 여는 열쇠
상처받지 않기 위해 등껍질은 단단하지만
상처를 내지 않으면 영영 바다를 볼 수 없다

카벙클로 껍질을 깨고 나와
바다를 향해 모래 위를 필사적으로 달려
비로소 바다를 얻는다

다시 돌아오지 않을 문을
힘겹게 열어야 했던 날처럼
그 작은 마음에도 넓은 꿈을 향한 무기를 감추고 있다

카벙클은 말한다
"포기하지 말아라,
너는 너만의 바다를 만나야 하니까."

안주하고 있는 환경
편견과 상식, 전통과 관습이
멋진 미래와 자유를 가두고 있다면

자신만의 카벙클로
두려움과 의심을 깨부수어라
더 넓은 바다로 나아가야 한다

새끼 거북이 향하는 곳은 깊은 심연
자신을 보호하는 단단한 등딱지와 배딱지를
더욱 단단하게 만드는 수련의 장소임을 아는 까닭이다

* 카벙클: 바다거북이 알을 깨고 나올 때 사용하는 임시 치아.
  첫 도전과 변화를 상징함.

익어 가는 시간

아직 어린 풋감은
언제나 떫을 줄 알았다

하지만 설익은 날들을 보내고
땡볕을 견디며 서서히 익어 간다

찬바람 지나간 자리
고운 노을빛이 스며들면
감도 달달한 노을을 닮아 간다

붉어진다는 건
익어 간다는 것
그것은 그냥 되는 일이 아니다

더운 빛을 고스란히 담아
차가운 바람 견디는 시간을
온전히 살아 내는 것

그리고 마침내
자신의 색깔로 익어 가는 것

당신의 계절은 반드시 온다

벚꽃은 따뜻한 날에
봄을 가장 찬란하게 만들고

해바라기는 한여름
해를 향한 순수의 상징이 되고

동백은 눈 속에서도
밝고 고운 등불이 되고

사철 푸른 소나무는
언제든 한결같은 그늘이 되고

모두가 저마다의 계절에
아름다운 의미로 꽃을 피우지

너도 그렇다
때가 되면 사계는 흐르고
당신의 계절도 반드시 온다

파치

계절이 익어 갈수록
주홍빛으로 물들어 가는 단감

한여름 뙤약볕이나 바람에
상처를 받기도 하는
완벽하지 않은 불완전함 속에도
달달한 성숙이 숨 쉬고 있다

누가 파치의 상처를
부끄럽다 하는가

그럴수록 속은 달고 깊은데
말이 없는 그 모습 참으로 겸손하구나
흔들리지 않고 피는 꽃은 향기가 없고
상처에 아파 본 사람은 삶의 깊이를 안다

비록 상처가 있다 하여도
그 속에 깊이 스민 진짜 단맛이
공판장 한구석 버려진 자리에서 푸대접이다

홍정의 매서움 속
겉모양이 매끄럽고 때깔이 좋은 떫은 감이
저울 위에서 비싼 몸값이 되는 현실

애지중지 가꾸기 위해
너덜해진 농부의 무릎
그들의 시간은 도대체 몇 그램인가

떨어져 뒹굴다 서리가 내리면
조용히 사라지는 파치들,
진정한 단맛이 묻혀 버린다

* 파치: 흠집 있는 과일, 상품 가치가 떨어져 시장에서 판매되지 않는 과일.

무게를 견디는 나무

네가 말했지
가끔은 어깨 위에 얹힌 무게가
너무 무겁다고

숲에서 오래된 나무를 보았어
구부러지고 뒤틀린 가지에
푸른 잎이 반짝였지

세찬 비바람에도 뿌리는
단단히 땅을 붙잡고
때론 아픔으로 남는 무게
그 아픔 속에서 너는 자라고 있었어

나무가 흔들린다는 건
더 단단히 더 깊이 땅을 찾아가는 시간
부러질 듯 힘겨운 순간들조차
네가 버틸 힘이 되어 준다는 것을

지금 견디고 있는 무게는
비로소 네가 세상을 마주할 탄탄한 자산

이제 알 것 같아
흔들린다는 순리, 그 속에 네가 얼마나 강할지

언젠가 너의 가지에는 꽃들이 피어날 거야
그 꽃들은 네가 견뎌 낸 날들에 대한
가장 아름다운 화답이 될 테니까

시간이 빛날 때

어두운 방 작은 불빛이 깜빡일 때
나는 네가 떠오른다

누군가의 눈에는 작고 희미하게 보이겠지만
너의 빛은 언제나 큰 의미로 반짝이고

길고도 짧은 하루
네가 웃던 순간과 혼자 울던 순간들
모두 너를 만들어 가는 소중한 조각

조각별이 모여 별자리의 이름이 되는 것처럼
너의 이야기도 그렇게 빛이 난다

때로는 길이 멀게 느껴져도
그 길 끝에는 너만이 볼 수 있는
아름다운 풍경이 기다릴 거야
아련히 바라보는 밤하늘의 별처럼

그러니 기억해
너의 시간은 어떤 순간에도

결코 멈추지 않고 빛나고 있다는 걸

너를 믿어 주는 내가 있음을
그리고 너도 너를 믿어야 함을

그늘 속 해시계

해시계는 밤이 오면 쉬다가
해가 뜨면 째깍째깍
세상의 시간을 알린다

우리도 그렇다
아직 자신이 어떤 사람인지
무엇을 좋아하는지 모를 수도 있다

하지만 괜찮다
때가 되면 꽃이 피듯
해가 뜨는 순간은 오니까

해가 숨어드는 별밤 아래서도
내일 다시 힘차게 뜰 해의 시간을
가슴에 품자

그때
빛보다 선명한 나의 시간으로
태양보다 환하게 세상을 밝히면 된다

초신성

우리 모두는
세상을 밝히기 위해
태어난 혜성이다

달려가는 궤적마다
충돌하고, 폭발하고
우주와 시간을 가르며
무한한 어둠을 뚫고
나아가는,

부딪히고 깨질 때마다
자국을 남기고
새로운 길을 열며

그렇게-
타오르고 또 부서지며
마침내 찬란하게
빛을 내는 별

별이 뜨는 시간

고요한 밤
그 고요 속에서
무언가를 찾아 헤매는 너

어둠이 너무 깊어
앞이 보이지 않을 때
하늘엔 별들이 기다리고 있다

우리는 별과 같다
어둠이 있을 때 길을 열어 주는 별과 같이
어둠이 깊을수록 더욱 선명해지는 빛

어둠 속을 걸어 본 사람만이 안다
별이 아름다운 이유를

어둠을 두려워하지 마라
네가 느끼는 그 막막함은
바로 너의 빛이 시작되는 자리

너, 그 존재의 찬란함

네가 모르는 누군가의 하늘에서
길을 밝혀 주는 별이 될 테니까

별에게 보내는 편지

가끔 네가 너무 작게 느껴질 때가 있니?

크고 넓은 세상 속
설 자리가 없는 것처럼 느껴질 때가 있니?

하지만 누군가에는 소중한 이름의 별
이 세상에 하나뿐인 의미

수많은 별들 사이에서 오직 너의
빛을 내고 있다는 걸

발걸음이 조금 느리게 느껴질지라도
한 걸음씩 앞으로 걸어가고 있잖아
그 걸음이 만든 길 위에는
너만이 볼 수 있는 꽃들이 필 거야

마음속에 있는 작은 소망들
아직 세상 밖으로 나올 준비가 필요한 거지

언젠가 그 소망들이

날개를 활짝 펴고 세상을 향해
날아오를 거라는 걸 믿어

나에게 행복을 주는 별,
이 편지를 읽으며 너도 행복하기를

너라는 세상이
그 어떤 것보다 내 마음의 소중한 별이라는 것을
기억해 줘
그럼 안녕.

바람의 지도

길은 어디에나 있다

네 발끝에서 시작하여
아무도 걷지 않은 먼 곳으로 이어진다

그곳엔 흔적이 없다
먼지에 덮인 비탈길
짐승들조차 지나간 적이 없는 것 같은
길 없는 길

바람은 어딘가를 가리키며 말했다
"가 봐, 네가 그 길의 첫 번째 이야기가 될 거야"

우리는 가끔 가 보지 못한 길 앞에 망설이지만
그 두려움마저도 나아가는 힘이 된다
그 길에 꿈이 숨어 있다는 것을 믿는 까닭이다

천천히 걸어가도 괜찮다
길 위로 흩어지는 바람

그 위에 새겨지는 발자국
모든 것이 바람의 지도가 된다

길이 사라지면 다시 그릴 것이다
네가 걷는 길이 비록 혼자라고 느껴질지라도
바람은 늘 너를 따라다니며 속삭일 것이다

여기까지 왔구나, 참 잘했어

그리고
알게 될 것이다
나를 흔드는 바람이
그대를 향해 부는 바람이었다는 것을

흐르는 대로

강물은 길을 묻지 않는다
그저 구불구불한 물길을 돌고 돌아
도란도란 도랑을 지나다가
바위가 막으면 돌아가고,
자잘한 모래톱을 만나면
지친 마음 잠시 쉬어도 간다

강은
애써 길을 만들지 않는다
흐르는 대로 흘러도 깊어지고
때로는 거센 물살이 되거나
잔잔한 물결이 되기도 한다

날갯짓에 최선을 다한
새들도 물가에 잠시 쉬었다가
그저 오늘을 지나 내일로 간다

강물처럼 흐르다가
어느 날 문득 바다를 만나면

예까지 오느라 수고했다 웃어도 주고
그래, 그래 두 팔 벌려 안아 주리라

개천의 용

개천은 이제
물비늘마저 흐릿하다

검은 진흙 속에서 꿈틀거리던 비늘 하나
용이 되려던 꿈은 오래전 일이다

누군가는 말한다
이제 용은 태어나지 않는다고

도시는 더 이상 물길을 허락하지 않아도
여전히 개천은 흐른다

보이지 않는 바닥을 더듬으며
부딪히는 돌부리에 방향을 바꾸면서
자신의 길을 내고 있다

높이 오르지 않아도
제 길을 굽이굽이 흘러가는 물줄기
진흙 속에서 태어난
작은 물방울조차 하늘을 비춘다

그것이 살아남은 용인지도 모른다

그러니 개천이여, 흘러라

굴곡진 너의 길
바다에 닿을 날 전설로 사라진다 해도
흘러온 그 시간이면 충분하다

'삶'은 계란

'삶'은 계란이다

끓는 물속에서 단단해지듯
고된 시간은 나를 더욱 강하게 만든다

여리던 껍질도
시련이 지나면
쉽게 깨지지 않는 법

부드럽게 감싸는 흰자처럼
마음이 따뜻하고

흔들리지 않는 노른자처럼
중심을 잡는,

어떻게 익어 가느냐는
너의 선택이다

다시 봄

꽃이 피자마자 봄비가 내려
잎은 젖고, 흔들리며, 투명해졌다

여린 잎이 떨어지지 않고
햇살을 기다렸을 때,
흔들렸던 만큼
봄이 더 눈부시게 피어나고 있었다.

길

누군가는 번쩍번쩍한 차를 타고
누군가는 맨발로 흙길을 달린다

하지만 길은 누구에게나 펼쳐 있다

누군가는 높은 곳에서 내려다보고
누군가는 그늘진 골목에서 노래한다

하지만 하늘 아래서는 모두 같은 모습이다

비교하지 마라
흔들리지도 마라

저마다 다른 조건이지만
시간은 모두에게 같은 속도로 흐른다

닻

살다가 허우적거릴 때나
우울감에 가라앉을 때

그대는 닻이어라

닻은
가라앉음으로써 몫을 한다
머무름을 두려워 마라

그대의 돛은
불어올 바람을 기다리고 있으니

저무는 빛

떠오르는 해도 찬란하지만
지는 석양은 더욱 아름답다

사람도 마찬가지다

은은히 익은 하루처럼
저물어 갈 때 더 아름다워야 한다

길을 묻다

네비게이션을 따라가면
빠르고 정확하게 도착할 수 있겠지만

손바닥만 한 지도 한 장 들고
길을 물으며 걷다 보면

낯선 이의 미소도 만나고
예상치 못한 골목을 지나기도 한다

우리는 방향이 아니라
사람을 찾아가는 게 아닐까

길은 답한다
먼저 도착하는 것도 좋지만
어떤 길을 어떻게 걸어왔는지가
더 중요하다고

춤

우리는
세상의 소리에 맞춰 움직인다
그래서 우리 모두는 안무가다

누구의 눈치도 보지 말고
세상이라는 너의 무대를 즐겨라

가끔 실수를 하면 좀 어때
꼬인 발걸음도
어색한 동작도
틀려 버린 순서도

교과서 없는 수업
우리가 만들어 가는 안무에는
이 모두가 멋진 춤이다

피어나는 일에 관하여

벚꽃은 어쩌자고
이토록 봄날에
피어나는가,

또다시 피어나는 일 앞에
멈춰 선다

스치는 찬란함에
끝내 말 못한 그리움마저
고요히 안은 채

돌아올 수 없는 순간들이
꽃잎으로 흩날리며

눈부신 계절이
아무 말 없이 나를 흔든다

흔들리며 피어나는 이들에게
이 시집을 바칩니다.

2025년 봄,
벚꽃이 졌고 다시 피어났던 김포에서

발문

이승희 시인

김태용 시인의 시선은 아프고 쓸쓸한 것들에게 자주가 닿는다. 그가 만나는 세상의 많은 대상들을 말없이 바라보며 속울음으로 이해하고 지지하는 마음을 보여 준다. 그리고 그런 모든 마음이 쌓여 한 대상을 향한 지극한 사랑의 선언이 된다.

우리가 살아가는 세계는 끝내 결핍이 채워지지 않을 때가 더 많은 생이 대부분이다. 우리의 삶이 수시로 낭떠러지가 되고, 난간이 되거나 슬픔에 겨워 지쳐 갈 때 시인은 그것을 "결코 아픔이라 하지 않는다" 오히려 "다듬고 단단해진 내면의 사유"(「돌은 아무 말 않는다」)가 되고 있음을 발견하며, 나아가 이를 통해 쉽게 상처받고 흔들리는 우리를 향해 "흔들리지 않으면, 나는 내가 될 수 없다"는 믿음으로 "흔들리는 것을 두려워 마라 / 흔들린다는 것은 꿈이 있기 때문"(「파도의 언어」)이라는 삶의 성찰을 보여 준다.

김태용 시인은 이처럼 이 세계를 살아가는 이들의 불화와 불안에 대해 담담하게 맞설 힘은 모두의 내면에 이미 자리 잡고 있음을 믿고 있으며, 그러한 믿음으로 살아갈 때 진정한 주체로서의 삶을 살아갈 수 있다는 놀라운 통찰을 보여 준다. 시인의 언어는 따뜻하고 간절하다. "어둠을 두려워하지 마라 / 네가 느끼는 그 막막함은 / 바로 너의 빛이 시작되는 자리"(「별이 뜨는 시간」)는 어쩌면 시인 자신에게 하는 말일지도 모른다. 그럼에도 시인의 시를 읽으면 오늘의 아픔이 내일의 새로운 길이 될 수 있음을 깨닫게 된다. 그러한 힘을 얻게 된다.